A escola sem Deus

MONSENHOR DE SÉGUR

A escola sem Deus

CLÁSSICOS DA
ESPIRITUALIDADE
CATÓLICA

LIVRE

Coleção - Clássicos da Espiritualidade Católica
A escola sem Deus
Monsenhor de Ségur

© 2018 by CEDET
Publicado sob a Creative Commons Attribution NonCommercial (CC BY-NC) License 3.0.
https://creativecommons.org/licenses/by-nc/3.0/

Editor:
César Kyn d'Ávila

Projeto gráfico & diagramação:
Gabriela Haeitmann

A tradução que consta nesta edição é anônima e feita em um português já há muito esquecido. A opção por não revisá-la cabe ao editor.

FICHA CATALOGRÁFICA

Ségur, Monsenhor de (1820-1881)
A escola sem Deus - Monsenhor de Ségur; Campinas, SP: Livre, 2018.
ISBN: 978-85-69712-25-1
1. Papel da Igreja na sociedade 2. Ensino religioso
I. Autor II. Título.

CDD - 261
268

Índices para catálogo sistemático
1. Papel da Igreja na sociedade - 261
2. Ensino religioso - 268

SUMÁRIO

I	Estado da questão – sua extraordinária importância............	7
II	Que na prática, não tratar da religião na escola, é tornar impossível a instrução religiosa das crianças............	11
III	Erros nos raciocínios dos adversários da escola cristã............	15
IV	Porque e como a religião é a alma da educação da juventude e, por conseguinte, da escola	19
V	Por que é que o ensino clássico é inseparável da educação religiosa?............	21
VI	Testemunho pouco suspeito de um antigo rei da Prússia que em nada acreditava................	25
VII	O que se deve entender por escola "leiga"................	29
VIII	Por que motivos a Igreja reprova o que chamam a escola "obrigatória e gratuita"................	31
IX	Se é certo que nossas escolas cristãs sejam focos de obscurantismo, de retrógrada política e de reação............	35
X	Se é certo que a escola cristã seja incapaz de formar cidadãos................	37
XI	Do crime dos que envenenam o espírito e o coração da juventude............	39
XII	Do crime e insensatez dos pais que educam seus filhos sem religião............	43
XIII	Que a escola deve ser para a Igreja o que é uma filha para sua mãe............	45
Apêndice................		49
II	....	53
III	....	59
IV	....	63
V	....	67
VI	....	73

I
ESTADO DA QUESTÃO –
SUA EXTRAORDINÁRIA IMPORTÂNCIA

A QUESTÃO SOBRE a qual eu quero difundir alguma luz, para fazê-la compreensível aos pais e mães de família, resume-se no seguinte:

A escola para onde enviamos nossos filhos para receberem a instrução primária deve ser Cristã, e ajudar assim, a Igreja a formar Cristãos, ou esta não deve ocupar-se para nada da Religião, e deixar este cuidado exclusivamente ao sacerdote e aos pais?

A escola deve ser Cristã ou sem religião?

Qual é a solução do problema?

Sois Cristãos? Credes em Deus, em Jesus Cristo e em sua Igreja? Ou sois o que se chama hoje incrédulos, quero dizer, homens que vivem sem religião, separados de Jesus Cristo e da Igreja, e que erigem princípio que a sociedade deve proceder como eles? Tudo depende disso.

Se sois um Cristão, quereis sem dúvida que vosso filho seja e permaneça Cristão. Portanto deveis desejar que a escola para onde mandeis vosso filho vos ajude a fazer dele um Cristão. Deveis querer e quereis que o mestre ou a mestra a quem confiais vosso filho, não somente não o arrebate da fé de seu batismo, senão que coopere enquanto lhe for possível com a grande obra de sua educação, a qual deve ser Cristã antes de tudo, pois todo o Cristão é Cristão antes de tudo.

Para os pais e mães Cristãos, a questão da escola que tanto se agita em nossos dias, não tem pois mais que uma solução possível, lógica e razoável. "Sim, a escola onde fazemos que seja educado nosso filho deve ser Cristã. Deve ajudar-nos a fazer de nosso filho um Cristão".

Para os incrédulos e livres-pensadores, a solução é oposta. Respondem pela voz de seus diários, de seus deputados, de seus correligionários e de seus conselhos municipais: "Não queremos escolas Cristãs; queremos que a escola para onde enviamos nossos filhos seja como nós, sem Deus, sem religião".

Quem se equivoca? Os Cristãos ou os incrédulos? Se os pais Cristãos estiveram em erro, se Jesus Cristo não fora o verdadeiro Deus vivo, a quem todo o Cristão deve obedecer, se a Igreja não fosse sua enviada, encarregada por Ele de salvar e santificar os homens, é bem evidente que os homens incrédulos teriam razão de não querer religião na escola ou em qualquer outra parte; seriam lógicos, e nós seríamos absurdos, cegos e estúpidos.

Para felicidade nossa, e para desgraça deles, os incrédulos estão em erro.

Sabendo ou não, de boa ou de má fé declaram guerra ao verdadeiro Deus; desconhecem ou ao menos ignoram a Jesus Cristo e a sua Igreja; aclamam o que deveriam maldizer.

Repito-o: na grande questão da escola Cristã ou não Cristã, a solução depende inteiramente do ponto de vista em que cada um se coloca; da crença ou incredulidade dos que dela se ocupam. Para ter a solução verdadeira, única verdadeira, é indispensável subir mais alto, e resolver previamente esta tríplice questão, da qual depende toda a vida. Há um Deus e uma religião verdadeira? Jesus Cristo é Deus? A Igreja é a enviada por Jesus Cristo e a depositária da verdadeira religião? Em tanto que não tiverdes resolvido, afirmativa ou negativamente, estas três perguntas, que se reduzem a uma, jamais podereis resolver razoavelmente a questão da escola. Encarando a questão como fazem os incrédulos, parecem lógicos; mas o seu ponto de vista é falso; enganam-se no ponto de partida que os perde.

II
QUE NA PRÁTICA, NÃO TRATAR DA RELIGIÃO NA ESCOLA, É TORNAR IMPOSSÍVEL A INSTRUÇÃO RELIGIOSA DAS CRIANÇAS

DEIXEMOS AS TEORIAS, e miremos as coisas na prática. Se o sistema da escola sem religião chegasse a prevalecer, seria simplesmente a supressão da instrução religiosa, e por conseguinte, a perdição de nossos pobres meninos. Como assim?

Existem meninos que chegam na escola as *oito* da manhã para saírem as *onze*. Voltam a *uma*, para saírem as *quatro,* e às vezes as *quatro e meia*. São seis horas de aula por dia. Para meninos, alguns de onze anos, não é pouca coisa. Não se dá importância a isso. Seis horas de aplicação e atenção para meninos que, até na escola e fora da mesma, só pensam em brincar, comer e rir, é enorme.

Não é só isso: da escola levam tarefas para fazer em suas casas, lições para estudar, exercícios para escrever. Suponhamos que este trabalho não lhes tome mais que duas horas: com as seis horas da aula, são oito. Já é demasiado. Pergunte a todo homem de bom senso: é razoável, é possível exigir da cabecinha do menino um trabalho intelectual qualquer, além dessas oito horas?

E então? Que se faz da instrução religiosa? Que se faz do estudo, muito árduo para um menino, da letra do catecismo? Porque o fim, o trabalho do catecismo, o trabalho da instrução religiosa, é um trabalho intelectual, se os há. Demanda tempo, demanda aplicação. É mister repeti-lo continuamente, porque o menino esquece tão prontamente como quando aprende.

Contestam-nos: não têm a quinta e o Domingo?

Nesses dias não há aula. Sim; porém em primeiro lugar, a quinta e o domingo são dias de descanso, de descanso necessário. Demais, há precisamente nesses dias repetições, destinadas não a aprender, senão a explicar a letra do catecismo. Se os meninos chegam à explicação sem estarem preparados pelo estudo do material da letra, o sacerdote perde seu tempo e nada pode... Esta preparação indispensável se há de tirar das oito horas consagradas ao estudo, à leitura, à memória. Repito-o: além dessas oito horas, já exorbitantes, é absurdo exigir do menino um trabalho intelectual.

E logo, dizei-me que idéia formará o menino do estudo da religião, seguramente o primeiro de todos, quando o vê desdenhado, e que acima dele colocam todos os demais, a gramática, a aritmética, a geografia etc.? Só verá nesse estudo uma maçada que lhe rouba o tempo de suas recreações. Enfim, é certo que se os meninos não ousam falar da religião mais que em dois pequenos e miseráveis momentos por semana, jamais chegarão a conhecê-la como é necessário; e, demais formarão naturalmente a falsa idéia de que a Religião nada tem que ver com sua vida diária. Praticamente, aprenderão a passar sem ela.

É isso, fundamentalmente, o que querem os inimigos da escola Cristã, digam o que quiserem. Porém, vós outros, pais e mães de família, vós outros que sois Cristãos, vós que haveis feito batizar vossos filhos, que desejais que façam uma boa primeira comunhão; que não vivam e não morram como pagãos, eu vos pergunto:
— É isso o que quereis? A Igreja une-se a vós para reclamar todo o contrário; e porque sabe que sem escola

Cristã, é impossível que esses mesmos aprendam como devem, sua religião. Com todas as suas forças, como o deveis fazer vós, repele o que eles chamam a separação da Igreja e da escola, quer dizer, a escola sem religião, a escola sem crucifixo, sem oração, sem Deus.

III
ERROS NOS RACIOCÍNIOS DOS ADVERSÁRIOS DA ESCOLA CRISTÃ

Nossos demagogos e ideólogos partem todos, mais ou menos, desta falsa idéia; ou que não há religião verdadeira e necessária, ou que Nosso Senhor Jesus Cristo não é Deus feito homem, como afirmam, por vezes, suas palavras e seus milagres: ou enfim, que a Igreja e o sacerdote, ministro da Igreja, não estão encarregados por Deus mesmo de ensinar a todos os homens a conhecer e a praticar a verdadeira religião, a religião de Jesus Cristo.

Quando se lhes diz isto, exclamam: "Nada disso. Queremos somente que não se confunda a Igreja com a escola. Queremos que se ensine a religião na Igreja e que não se trate dela na escola; cada um em sua casa. É isso o que queremos!" Sem dúvida, cada um em sua casa; e tampouco nós outros queremos confundir a escola com a Igreja, nem o preceptor com o sacerdote. Porém uma coisa é a confusão; e outra é a união. Nós queremos que a escola esteja unida à Igreja. É assim como entendemos a escola, não a casa onde se dá o ensino primário a nossos filhos, senão este ensino mesmo; assim por Igreja, entendemos, não a Igreja material, a casa de oração, senão a Igreja docente, o sacerdote que representa a Igreja e é o ministro da Religião. "Cada um em sua casa", nos dizem?

Sim, cada um em sua casa. Porém algum há, que em todas as partes está em sua casa, e que não poderia ser legitimamente excluído de nenhuma: é Deus; é Jesus Cristo, o Dono e Senhor do Universo. Na escola mais que em qualquer outra parte, está "em sua casa".

Os meninos, com efeito, a quem o mestre de escola ensina a ler, a escrever, a contar etc., não são de Jesus Cristo? Não estão batizados? Não são Cristãos? Não os há resgatado Jesus Cristo sobre a cruz com o preço de seu sangue? Não são filhos da Igreja?

Ora bem, é este um fato, um fato evidente. Quem se atreveria a refutá-lo? Jesus Cristo está, pois, em sua casa na escola.

A Igreja tem também ali seu posto, seu grande posto, seu posto principal. Está ali, não para ensinar os meninos a ler e a escrever, senão para inspirar-lhes a obediência e o respeito a seus mestres; para formar suas tenras inteligências e corações; para velar para que o ensinamento que se lhes dá, se conforme em tudo, não somente com a fé propriamente dita, senão com o espírito Cristão.

Eis porque a Igreja tem um direito absoluto, superior, inalienável, sobre o ensinamento e a educação da juventude, e por conseguinte, sobre a escola, e isto, sob pretexto de que "a religião nada tem que ver com o alfabeto, nem com a aritmética, nem com a gramática, nem com a geografia". Não, seguramente. Porém, a escola tem a ver com outras coisas, e coisas muito mais importantes que tudo isto. Não esqueça: o que se oculta no íntimo do pensamento destas gentes, moderadas na aparência, que pedem a separação da Igreja e da escola, é o ódio à Igreja, o ódio à Jesus Cristo, o ódio à Deus e à Religião.

Eles já em nada crêem; e não querem para o povo, nem religião, nem sacerdote, nem Deus. Julgam-se estar simplesmente separados de Jesus Cristo; mas isto é uma quimera: não sabem que o filho de Deus há declarado formalmente: "O que não está comigo está contra mim". Não estão com Jesus Cristo: estão portanto, contra Jesus Cristo. Pedir que a escola já não seja de Jesus Cristo, pedem, saibam ou não, que a escola seja contra Jesus Cristo.

Escondam, quanto queiram as unhas, nem por isso deixam de ser gatos, e gatos com boas garras; e se chegassem a conseguir "a separação da escola e da Igreja" em nada teriam mais pressa em reclamar para esta força cega chamada "Estado", que a destruição da Igreja, e que fossem postos fora da lei os sacerdotes, e tudo o que é Cristão. Testemunhas, os revolucionários de 1879 que, depois de haverem conseguido "a separação da Igreja e do Estado", chegaram em menos de dois anos a decretar a supressão da Igreja pelo Estado, e a por fora da lei os Bispos e os sacerdotes fiéis! Testemunhas, também os comunistas de 1871, que, depois de haverem arrancado os crucifixos de todas as escolas, de nada se preocuparam mais do que profanar nossas Igrejas, encarcerar e assassinar a nossos sacerdotes.

Assim pois, no fundo desta questão da escola, não há, para quem sabe raciocinar, senão uma questão de fé. E se os incrédulos de toda a classe a resolvem em um sentido oposto ao nosso, é simplesmente porque não têm fé; é porque não conhecem a Jesus Cristo, ou porque o odeiam.

Pais e mães, vede pois a imensa importância desta questão, para o presente e para o futuro!

IV
PORQUE E COMO A RELIGIÃO É A ALMA DA EDUCAÇÃO DA JUVENTUDE E, POR CONSEGUINTE, DA ESCOLA

PORQUE LHES ENSINA o que é mais importante que tudo para sua felicidade, neste mundo e no outro.

Porque lhes ensina, e isso infalivelmente, em nome e da parte de Deus, a crer o que é verdade, a amar o que é bom, a admirar o que é puro, a respeitar e amar a autoridade de seus pais; a serem bons e castos; a amarem-se mutuamente e a perdoarem-se, a conservar bons costumes, a serem laboriosos, fiéis, conscienciosos, a preferir o dever ao prazer, a cortar tudo o que pode corromper já o espírito, o coração·

A religião faz tudo isto onde quer que a deixem trabalhar, e só ela tem o poder de produzir esse bem, e cortar esse mal. Que é, com efeito, a moral sem a religião? Uma teoria fastidiosa; grandes palavras, e quando muito, uma honradez exterior que basta apenas para não ser enforcado. Sem a religião, dizia em outro tempo Napoleão I, pouco devoto como todos sabem, porém homem de saber e de talento – sem a religião os homens se matariam pela pessoa mais bela ou pela pera mais bonita.

Sem a religião, não há fé nem moral; sem a fé e sem a moral não há educação. Educar um menino não é mais que formar seu espírito dando-lhe a verdade e a boa doutrina, formar seu coração fazendo-lhe conhecer primeiro, logo amar, depois praticar o bem? Ora bem, a primeira e mais importante de todas as verdades, não é evidentemente a verdade religiosa, que nos ensina o que somos, porque existimos, aonde vamos? Que nos ensina a lei das leis, a lei divina?

E que nos faz conhecer o que devemos fazer e o que devemos evitar para ir ao céu e para livrarmo-nos do inferno? Que são, dizei-me, em comparação com esta ciência, todas essas outras ciências que tanto se apregoam hoje em dia? Assim, o primeiro, o mais importante de todos os bens não é acaso o bem moral, o dever, a pureza do coração e da consciência? Esta verdade, este bem se estende a todos, como a luz e o calor do sol, que iluminam e fecundam tudo sobre a terra.

Somos Cristãos; nossos filhos, estão batizados, são Cristãos; para eles não há educação séria sem a benéfica intervenção da religião, e por conseguinte da Igreja, e por conseguinte do sacerdote. Sendo a escola, como a família, o santuário da educação, querer excluir dela a religião e a Igreja, é querer excluir a Deus, é querer excluir a educação. Aí está, por outra parte, a experiência que o demonstra diariamente e em todas as partes: as escolas sem Deus são mais ou menos focos de corrupção, de uma imoralidade mais ou menos encoberta, mas repulsiva; onde é quase impossível que um menino conserve sua inocência, onde só o temor mantém certa aparência de ordem; onde o menino aprende a detestar a autoridade do mestre, onde a pátria só vê um viveiro de futuros comunistas, sem fé e sem lei.

Repito-o: sem a religião não há educação. Portanto, a escola deve ser Cristã, Cristã primeiro que tudo. Exigi-lo assim é um dever de consciência, tanto para os pais e mães de família, como para o sacerdote. Nisto consiste a salvação dos meninos.

V
POR QUE É QUE O ENSINO CLÁSSICO É INSEPARÁVEL DA EDUCAÇÃO RELIGIOSA?

Porque o espírito é inseparável do coração.

Não se pode amar senão o que se conhece, o que se vê ser formoso, nobre, bom, digno de estimação e de amor. O coração segue a cabeça. Ora bem, o ensino é o que forma a cabeça, o dever, o que faz conhecer ao espírito tudo o que é útil saber. Daí deriva a imensa importância de só dar a verdade como alimento ao espírito do menino.

O erro corrompe o coração.

"Porém dizem, quando um mestre de escola ensina o alfabeto e a gramática, a aritmética e os demais conhecimentos elementares de seu programa, não pode enganar-se; e ainda quando se enganasse sobre certos pormenores que mal haveria nisto para a boa direção do espírito de seus colegas? A religião parece que nada tem a ver com este ensino".

Bom, mas como já indicado, não é disto que se ocupa a Igreja. Ela se preocupa do ensino dado na escola, primeiramente de que a respeito de certos ramos deste ensino, tais como a história e alguns outros elementos de ciência natural, o mestre não dê aos meninos noções falsas e perigosas, ao ponto de vista religioso.

Do que se preocupa, é de que os livros de história, sejam verídicos, ortodoxos, e que não contenham, como tão a miúde sucede calúnias contra o clero e a religião.

No ensinar a História da França, por exemplo, quantas preocupações detestáveis contra os papas, contra os sacerdotes, contra as ordens religiosas, contra a influência da Igreja, pode inculcar todos os dias um professor irreligioso, ou simplesmente ignorante (e desgraçadamente abundam), no espírito de seus pobres discípulos? E essas preocupações, essas mentiras, deixam vestígios que ficam indeléveis.

Sobre cem meninos, que, ao saírem da escola, escarnecem de Deus, afligem a seus pais, se entregam ao mal, pode dizer-se com segurança que há noventa que hão bebido o gérmen destas desordens nas más idéias que aprenderam na escola, mormente nos maus costumes que pululam nas más escolas. Quereis que vosso filho permaneça e cresça no bem? Há de ele primeiro crescer e permanecer na verdade; e a verdade é primeiro que tudo a verdade Cristã, o conhecimento de Deus e de sua lei.

Mas dizem também: "esta verdade deve ser inculcada aos meninos pelo sacerdote, e não pelo mestre de escola nem pelos pais". Muito bem: o sacerdote, com efeito, e só o sacerdote, está encarregado oficialmente pela Igreja de ensinar a religião aos meninos de sua paróquia. Porém os pais e os mestres desses mesmos meninos têm o dever de ajudá-lo por todos os meios possíveis nesse laborioso ensino. Tudo deve contribuir para ele, no interior da família, e no interior da escola.

Os meninos, sobretudo os meninos do povo, são travessos, pouco inclinados ao estudo; é necessário que o ensino, as lições se façam penetrar em sua inteligência e sua memória, por todos os passos, a cada instante. Se quereis fazer um Cristão desse pobre homenzinho em flor, ponde debaixo dos olhos, nos ouvidos, sobre os lábios, na memória o que pode ajudá-lo a recordar as verdades, sempre um tanto abstratas, que são o fundo da religião Cristã.

Em vez de ensinardes a ler em certos livros insignificantes, ensina-lhes a ler no catecismo, no evangelho, em um resumo elementar, como há tantos, da moral Cristã. Ainda com esse socorro de todos os momentos, não se verá a Igreja livre de trabalho para fazer penetrar bem a fundo as luzes vivificantes da fé nessa pequena inteligência: que será, se o ensino da escola prescinde completamente do pensamento religioso, único (não poderia repeti-lo bastante), que tem o poder de formar Cristãos, isto é, verdadeiros homens de bem, homens de consciência, de coração, de dever? O mestre de escola deve necessariamente cooperar quanto lhe for possível para a grande obra da educação confiada por Deus mesmo a seus sacerdotes. O ensino da escola deve seguir, ajudar, recordar o ensino do catecismo. Sem isso, não há educação sólida; em outros termos, não há Cristãos, não há verdadeiros homens de bem para o porvir.

Tudo isto é incontestável. A decadência desconsoladora da França atual, procede sobretudo do esquecimento da lei de Deus; e este esquecimento tem em grande parte sua origem no ensino indiferente e irreligioso de nossas escolas primárias, para baixo, e de nossos colégios, para cima.

O ensino da escola deve, pois, ser Cristão, como deve ser Cristã a educação. Nesse grande trabalho de formação, o espírito do menino não deve estar separado de seu coração.

VI
TESTEMUNHO POUCO SUSPEITO DE UM ANTIGO REI DA PRÚSSIA QUE EM NADA ACREDITAVA

Os INIMIGOS DA FÉ de nossos filhos encontram aqui um adversário que não esperavam.

É o famoso rei da Prússia, Frederico o Grande, o íntimo amigo de Voltaire, mais incrédulo, se é possível, e mais descrente que o próprio Voltaire. Este acreditava, todavia, um pouco em Deus e na alma, no bem e no mal. Frederico, em nada acreditava, e no seio da intimidade, pouco cuidava em ocultá-lo. Ora pois, aqui transcrevemos o que o bom senso social e político daquele malvado de gênio lhe fez proclamar e impor a todos seus súditos, em um regulamento geral, promulgado em Berlim, a 12 de Agosto do 1763 em pleno reinado do volterianismo:

Frederico, rei da Prússia, etc.

Desde o restabelecimento da paz, o verdadeiro bem-estar de nossos povos preocupa todos nossos instantes (inteiramente como diria hoje o piedoso Bismarck); portanto, julgamos útil e necessário cimentar esse bem-estar constituindo uma instrução tão razoável como Cristã, para proporcionar à juventude, com o temor de Deus, os conhecimentos úteis.

Art. I. Os meninos, de cinco a treze ou quatorze anos, não poderão sair da escola antes de serem instruídos nos princípios essenciais do Cristianismo e de ler e escrever bem.

Art. II. Os donos a quem a necessidade do trabalho obrigar a empregar meninos, serão seriamente advertidos que se hajam de modo que esses meninos não saiam da escola antes de saberem ler bem, antes de possuírem as noções fundamentais do Cristianismo... fatos que devem ser comprovados por certificados do pastor e do mestre de escola.

Art. XII. Como os bons mestres fazem as boas escolas, um mestre de escola deve estar em condições tais que toda a sua conduta seja um exemplo, e que não destrua com seus atos o que edifica com suas palavras. Os preceptores, mais que todos os demais devem estar animados de uma sólida piedade, e primeiro que tudo, possuir o verdadeiro conhecimento de Deus e de Cristo...

Art. XXIV. Em tudo o que diz respeito à escola, o preceptor deve apoiar-se nos conselhos e avisos de seu pastor.

Art. XXV. É nossa vontade expressa que, nas cidades e aldeias, os pais visitem as escolas postas sob sua jurisdição, duas vezes por semana, já de manhã, já de tarde, e interroguem por si mesmos aos alunos.

Não é um cura, não é um Bispo, nem um Papa que expediu esse decreto: é, repetimo-lo muito alto, um livre-pensador de primeira classe, cujos princípios religiosos eram absolutamente os mesmos que os de nossos incrédulos modernos mais adiantados. O bom senso era o que lhe arrancava essas confissões; o instinto da conservação da sociedade, da família, da ordem pública. Os inimigos da escola Cristã pretendem que a superioridade da

Prússia proceda de suas escolas e de seu sistema de instrução obrigatória. Estejam pois, uma vez ao menos, de acordo consigo mesmos, e não tratem de impor-nos o contrário do que nos ponderam. Na Prússia, até 1872, as prescrições de Frederico, o Grande, tem feito lei; a instrução Cristã e o respeito prático da religião eram considerados, e com razão, como a alma da educação nas escolas. Se alguma coisa boa têm os prussianos, aí é que a têm haurido.

VII
O QUE SE DEVE ENTENDER POR ESCOLA "LEIGA"

Leiga não quer dizer sem religião. Um leigo é simplesmente um homem que não é eclesiástico.

Todos os Cristãos, todas as Cristãs são *leigos*.

Vós outros, pais e mães que ledes estas pequenas páginas e que vos preocupais com tanta razão do porvir religioso de vossos filhos, sois *leigos*. Os únicos que não são *leigos* são os que têm a honra e a dita de consagrar-se a Deus no estado eclesiástico ou no estado religioso.

Nossos inimigos, que não são muito fortes tratando-se de assuntos religiosos, confundem ordinariamente essa noção tão simples, e por *leigo* entendem o que é, senão inimigo da religião, ao menos indiferente com religião e o sacerdote. Para eles a escola *leiga* é a escola sem religião, a escola não Cristã. Eles aclamam e reclamam a escola *leiga* porque detestam a religião, a Igreja e o sacerdote. Se sabem muito bem o que querem, sabem apenas o que dizem.

Escolas leigas! Porém se nós outros também as queremos e as sustentamos, só pedimos antes que tudo, que essas escolas leigas sejam Cristãs. Não nos basta que não declarem a guerra ao catecismo e a Jesus Cristo; queremos, além disso e temos o direito e o dever de exigi-lo, queremos, como o dizíamos não há muito, que sejam os auxiliares do catecismo, e que o preceptor ou a preceptora trabalhem em harmonia com o sacerdote e com os pais, para formar nossos meninos no serviço e no amor de Jesus Cristo. Os preceptores e as preceptoras leigas tão elogiados pelos adversários da escola Cristã, são, note-se bem, professores professoras sem religião.

Logo que algum mestre de escola cumpre, na escola e fora da mesma, o primeiro de todos os seus deveres, que é servir a Jesus Cristo, imediatamente e ainda quando seja *leigo*, taxam-no de clerical tendo que contar já senão com malevolência, às vezes até com verdadeiras perseguições.

Pelo contrário, o mestre que é *leigo*, segundo o modo de julgar dos inimigos da fé, conta com uma proteção que às vezes toca ao escândalo e na mais indigna condescendência.

Que nossos filhos sejam educados de forma Cristã é tudo o que pedimos. E se geralmente nossos curas preferem os Irmãos e as Irmãs aos professores e aos professores *leigos*, é porque graças a indiferença religiosa, para não dizer à irreligião que domina em quase todas as escolas normais, donde se formam os professores e as professoras do Estado, sucede que raríssimas vezes sabem o necessário para cumprir dignamente sua grande e santa missão. A quem poderá parecer mal que um bom sacerdote não queira deixar os meninos, cujas almas lhe estão confiadas, entre as mãos de um preceptor ou de uma preceptora sem religião? O contrário seria para estranhar. Não por si, senão pela fé e pela salvação de seus fregueses reclama o cura a escola cristã. Que seja dirigida por um leigo ou por um Irmão ou uma Irmã, pouco importa, contanto que tudo se faça ali segundo a vontade de Deus; contanto que o ministro de Deus encontre ali o apoio a que tem direito para educar cristãmente a seu pequeno e querido povo.

VIII
POR QUE MOTIVOS A IGREJA REPROVA O QUE CHAMAM A ESCOLA "OBRIGATÓRIA E GRATUITA"

NOSSOS LIVRES PENSADORES, inimigos da Igreja e da pátria, têm uma réplica que repetem a cada instante a modo de estribilho. "A escola *leiga, obrigatória e gratuita*".

Todo o veneno se encerra na palavra *leiga*, ou por falar mais propriamente, na idéia ímpia que ocultam sob essa palavra, muito inofensiva em si mesma, e é unicamente, entendido bem isto, é unicamente porque a escola leiga que eles querem impor é a escola sem Deus, a escola sem Jesus Cristo e sem religião, que a querem fazer *obrigatória e gratuita*. É uma verdadeira conspiração contra a fé da nossa pátria. "Em primeiro lugar, dizem eles, eduquemos a juventude fora da Igreja, é dizer, contra a Igreja; logo obriguemos os nossos pais a enviá-las a nossas escolas sem Deus, para que nada se nos escape; por último tiremos todo o pretexto de reclamarem fazendo pagar todas essas escolas pelo Estado, e não exigindo nada nem dos pais nem dos meninos. Com este sistema, a França será nossa dentro de quinze ou vinte anos". Isto é tão abominável como bem combinado. É abominável, porque é a guerra a Deus e as almas; está, sabiamente combinado, porque se suas "*escolas leigas*" chegassem a prevalecer e a ser obrigatórias para todos, o resultado ímpio que eles esperam seria infalivelmente conseguido; a França perderia a fé.

Por isso, temos que rechaçar com toda energia dessa mesma fé a escola revolucionária *"leiga, obrigatória, gratuita"*. Se a escola fora Cristã, qual deve ser, e como o ser sempre (assim o esperamos), se a escola fora Cristã, longe de achar mal que fosse obrigatória, a Igreja seria a primeira a apoiar um sistema que colocaria a todos seus filhos na feliz obrigação de serem tão instruídos e tão bem educados quanto fosse possível. O que Ela não quer por nenhum princípio, é que os pais Cristãos (isto é, noventa e nove por cento, novecentos e noventa e nove sobre mil) sejam obrigados a enviar seus filhos a escolas onde tudo contribui a apartá-los da religião, como o temos demonstrado mais acima.

Nisto, como sempre, com suas grandes palavras de liberdade, de progresso, das luzes etc., os incrédulos são tiranos e verdadeiros déspotas. Calcam aos pés a primeira e mais legítima de todas nossas liberdades, a liberdade religiosa. Porque eles não crêem, querem obrigar os outros a não crer; e não é a ciência nem a instrução o que querem inculcar-nos de grado ou por força, são meramente suas ímpias doutrinas.

Temos razão, pergunto-lhes, nós os Cristãos, de não querer sua instrução obrigatória? Não queremos sua instrução porque é falsa e perversa; e não queremos que obriguem nossos filhos a recebê-la, primeiro, porque nós não somos escravos, nem tampouco eles, e depois porque não queremos que nos obriguem a fazer envenená-los.

Quanto a escola "gratuita" desses cavalheiros há nisso também uma iniqüidade digna deles. Essas famosas escolas sem religião serão tudo, menos gratuitas, posto que pagas pelo Estado, e com largueza. Ora bem, dizei-me: quem são os que enchem o tesouro nacional? São os Cristãos; a minoria dos contribuintes que se declara não Cristã, é tão insignificante que pode-se dizer que não se leva em conta. E assim, com vossa aparência de generosidade, de desinteresse, de amor ao povo, não quereis outra coisa, oh zelosos apóstolos! senão fazer-nos pagar a ruína moral de nossos filhos! Quereis obrigar uma nação Católica a suicidar-se com suas próprias mãos, a despojar-se por si mesma do manto real de sua fé! Vamos pois! isso é, em verdade, demasiada dissimulação.

Não, não queremos nem vossa instrução leiga, nem vossa instrução obrigatória, nem vossa instrução intitulada gratuita. Somos Cristãos, o queremos estar na liberdade de fazer educar cristãmente nossos filhos; e se vindes dizer-nos todavia que rechaçamos vossas idéias só porque queremos manter o povo na ignorância, responder-vos-emos, com a franqueza da indignação, que sois estafadores e embusteiros. Vós sois os filhos das trevas; nós, discípulos da verdade o do Evangelho, somos filhos da luz, e, o que o mais, somos, como o há proclamado o Filho do Deus, a *"luz do mundo"*.

IX
SE É CERTO QUE NOSSAS ESCOLAS CRISTÃS SEJAM FOCOS DE OBSCURANTISMO, DE RETRÓGRADA POLÍTICA E DE REAÇÃO

DE REAÇÃO! Contra quem? Contra a impiedade e o vício! Sim, certamente. Contra as detestáveis doutrinas revolucionárias, subversivas da Religião, da autoridade, da família, da ordem social inteira? Sim, sim, mil vezes sim. E esse o motivo porque querem suprimi-las.

Focos de reação política, em qualquer sentido? Não, em sentido nenhum. E nossos radicais o sabem tanto como nós. Em nossas escolas ninguém se ocupa de política; tanto da política branca como da política tricolor ou roxa. E é isso o que atormenta os nossos democratas. Eles quiseram que nossas escolas, santuários da singeleza e da paz, se transformassem, debaixo da direção de seus mestres de escola comunistas, em espécie de pequenos clubes, focos de rebelião. Revolucionários, não sonham senão com revoluções; homens de rebelião querem semear por todas as partes a rebelião.

Isso é o que nós não queremos; isso é o que não fazemos; isso é o que nunca temos feito e o que não faremos jamais. Chamem-no "obscurantismo" quanto quiserem; chamem-no "reação em boa hora. Sabemos o que é falar.

Acusaram nossos irmãos e nossas Irmãs de escola de que se ocupam de política, só para torná-los odiosos às povoações e para envolvê-los na cólera e nos ódios que os diários revolucionários suscitam contra o partido da ordem e da gente honrada.

Em nossas escolas, os Irmãos e as Irmãs se ocupam em fazer dos meninos que lhes estão confiados, Cristãos, homens de bem, e verdadeiros cidadãos. Deixam aos emissários da Revolução e das sociedades secretas, a criminosa tarefa de fazer-lhes perder a cabeça, sob pretexto de "liberdade" e de "república".

Digam quanto quiserem, a política nada tem que ver com a escola.

X
SE É CERTO QUE A ESCOLA CRISTÃ SEJA INCAPAZ DE FORMAR CIDADÃOS

Isto DEPENDE do que se entenda por "cidadão".

Por cidadão os revolucionários entendem uma espécie de exaltado, que sempre tem nos lábios a grande palavra, *pátria, patriotismo, liberdade, igualdade, fraternidade*, (ou a morte!); que está sempre pronto a fazer armas contra a autoridade legítima, isto é, não-revolucionária; chamem-na valente, e que sob pretexto de orgulho nacional, é ingovernável. Tal é o cidadão formado pela escola sem religião, pelo diário sem religião, pelo Estado sem religião. Em todas nossas revoluções vêmo-lo na faina, e não é muito belo certamente.

A escola Cristã, não só não forma cidadãos desta espécie, senão que tem por missão direta, evidente, impedir que se formem. Faz mal? Que é, dizei-me o "cidadão" revolucionário, senão homem de desordem e alvoroço, o turbulento, o comunista?

Deus e sua Igreja condenam esse composto horroroso de orgulho, de presunção, de ignorância, de cólera, de violência e quase sempre de intemperança e de luxúria. A escola Cristã faz outro tanto; reprova-o, e se esforça por preservar de todos esses vícios e de todos esses erros o espírito e o coração dos meninos que educa.

Porém se ela é inimiga do falso cidadão, é amiga do cidadão verdadeiro.

Vós aspirais, e não ó justo, a que vossos filhos façam algum dia honra a seus pais? Aspirais a que seja toda sua vida um homem de bem, um homem de seu dever, um homem de ordem e abnegação? Esse é o que se chama um bom cidadão; em toda a escala social. Aspirais a que vossa filha, seja esposa e por sua vez mãe de família, seja e continue a ser honrada, boa, virtuosa, pura?

Pois bem, é nesta grande obra em que trabalha, de acordo com o sacerdote e convosco, a escola Cristã.

Os demagogos pretendem que em nossas escolas não formamos mas que Cristãos, e que não nos ocupamos em formar cidadãos. Isto é falso: formando Cristãos, formamos por isto mesmo, cidadãos, bons e verdadeiros cidadãos.

"Os melhores Cristãos, dizia em outro tempo o rei protestante Gustavo Adolpho, são sempre os melhores soldados". Outro tanto se pode dizer dos cidadãos: "Os melhores Cristãos são sempre melhores cidadãos", isto é, os homens mais verdadeiramente dedicados aos interesses e a prosperidade de seu país.

Nossos liberais de todo grau são os piores cidadãos que pode haver: debaixo da capa das grandes palavras que mais acima dizíamos, só tratam de lisonjear suas más paixões, de adquirir sem trabalhar, de empolgar alguns bons empregos bem lucrativos, sem preocupar-se no mínimo da causa pública. Dessa ordem os temos visto a lidarem na época da comuna; e tais como foram então, serão sempre.

Só a Religião pode formar verdadeiros homens de bem; e é por isso que a escola, que está encarregada de formar homens, deve ser Cristã, profundamente Cristã.

A escola sem religião, só formará incrédulos, rebeldes, ébrios, comunistas.

XI
DO CRIME DOS QUE ENVENENAM O ESPÍRITO E O CORAÇÃO DA JUVENTUDE

O código penal castiga com a morte os envenenadores, e tem razão. Nada há mais odiosa, nem mais covarde forma de crime.

Mas, dizei-me, quem é mais culpado, o que envenena e mata o corpo ou o que envenena e mata a alma? Não é a alma a que faz de nós homens? A alma é cem vezes, mil vezes superior ao corpo. Portanto, se envenenar, matar o corpo é um crime tão atroz, qual não será quando se trata da alma?

Mas a terra está coberta de gente que à vista e presença de todo o mundo, envenena as almas não com arsênico ou rosalgar, senão com abomináveis doutrinas, as quais penetrando pouco a pouco no espírito, fazem-no incrédulo, ímpio e rebelde; e chegando até ao coração, lhe inspiram o gosto pelo mal, o ódio a Deus, o hábito do vício.

Esses envenenadores públicos, são todos os que de um modo ou de outro, ensinam o erro, quer em religião quer em política. São os maus professores e más professoras, os mestres e as mestras de escola sem religião, sem princípios.

Que ensinam eles às pobrezinhas criaturas que se lhes confiam? A ler, a escrever, está bom; porém ensinam-lhes também e antes que tudo, tanto com seus exemplos como com suas palavras, a viver sem Deus, a depreciar as santas práticas da Religião, a falar mal do sacerdote, a desdenhar a oração e a santificação do domingo, as leis eclesiásticas, a confissão, o respeito à Igreja.

Acostumaram-nos a fazer o bem não por consciência ou por dever, senão a buscar primeiro que tudo, seu interesse pessoal, a ganhar dinheiro, a ser egoístas. Muito a miúde, especialmente nos momentos de crises políticas, esses mestres de escolas, essas preceptoras sem religião dão além disso escândalos, cujos vestígios ficam profundamente gravados na memória dos meninos.

Este envenenamento moral é um crime de primeira ordem. Ataca não somente a Igreja, senão a própria sociedade desde a raiz até ao coração. Prepara espantosas ruínas para o porvir. Os que os cometem deveriam ser tratados como os piores criminosos, tanto mais criminosos, quanto atacam aos pobrezinhos, inocentes sem defesa, que acreditam facilmente no que se lhes diz, e imitam seguramente o que vêem em outros.

Os que deixam cometê-lo, e, mais ainda, os que fazem cometer, são uns infelizes, inimigos de Deus e da sociedade; não há nome para dar-lhes. Se a justiça humana é bastante cega para não castigá-los, a inexorável justiça divina espera-os ao saírem deste mundo; e o tremendo Juiz, perante o qual comparecerão então aterrorizados, perdidos, declara-o em seu santo Evangelho: "Em verdade vos digo, qualquer que escandalizar um só destes pequeninos que crêem em mim, melhor fora que tivesse sido precipitado no fundo do mar, com uma pedra de moinho ao pescoço".

Ora pois: não é só um menino, mas uma geração de meninos que escandalizam, quero dizer, perdem e corrompem, o mestre e a mestra de escola sem religião; e estando batizados estes meninos, e sendo Cristãos, deles é que fala aqui diretamente Jesus Cristo. Escandalizá-los, é cometer um assassinato, e um assassinato sacrílego. É arrebatar a Deus o espírito e o coração de seus filhos. Desgraçado do homem que tal crime comete! E desgraçada a sociedade que o deixa cometer! Ai dos diários que o apregoam! Ai dos homens públicos que se atrevem a erigi-lo em lei!

Toda a lei contrária à lei de Deus é nula e de nenhum valor. A consciência proíbe submeter-se a ela; seria apostatar. Se nossos ímpios conseguem fazer erigir em lei seu sistema de educação anticristã, entraremos no caminho da perseguição declarada, e esse será o caso tanto para os pais e mães como para os filhos, para os sacerdotes como para os leigos, de repetir a grande palavra pronunciada em outro tempo pelos lábios dos Apóstolos;

"É preciso obedecer a Deus antes que aos homens".

XII
DO CRIME E INSENSATEZ DOS PAIS QUE EDUCAM SEUS FILHOS SEM RELIGIÃO

Os PAIS E MÃES que educam ou fazem educar sem religião seus pobrezinhos filhos, não são menos culpados que os maus mestres de escola – e como estes, darão conta disto a Deus.

São ao mesmo tempo culpados e insensatos. Culpados porque faltam gravemente a seu dever de pais, que é ajudar, quanto lhes seja possível, a Igreja a salvar e a santificar os filhos que Deus lhes dá insensatos, porque algum dia colherão o que têm semeado, e se aperceberão, porém, demasiado tarde, de que uma educação má não produz mais que frutos ruins.

Em pouco tempo seu filho chegará a ser um libertino e um malvado sem fé e sem temor de Deus, se entregará a suas paixões, ditoso ainda se o mal não o conduzir até a desonra; sua filha correrá o risco de perder-se e causar-lhes esses desgostos que não têm nome. Tão poucas pessoas há que continuem a ser honradas e que conservem bons costumes, quando não se tem para contê-los o saudável freio da consciência, o temor de Deus, e o onipotente socorro dos sacramentos!

Portanto, pais e mães, ponde os olhos nele bem cedo! Olhos, na conta que Deus vos pedirá da alma, da fé, dos costumes de vossos filhos. Guarde-os por vós mesmos e no interesse de vossa própria ventura neste mundo, a qual resultará, quase infalivelmente, da educação que lhes derdes ou tiverdes feito dar. Não olvideis que não tendes direito para educar nem deixar educar vossos filhos sem religião. É para vós um dever de consciência, sob pena de cometer um pecado grave, não somente fazer vossos filhos rezarem em vossa casa e ensinar-lhes com vosso exemplo a servir a Deus, senão também a confiá-los senão a mestres ou mestras de escola capazes de ajudar-vos em vossa grande tarefa. Nada de bom conseguireis se a escola não trabalhar no mesmo sentido que vós, se a escola não for Cristã, bem como a família.

É que isto desgraçadamente nem sempre é possível; boas paróquias há que, devido a um delegado ou a um conselho municipal ímpios, têm por professor, por único professor, um homem sem fé nem lei, às vezes até um comunista, um homem de costumes depravados, mil vezes indigno do posto que ocupa. Isso é uma desgraça imensa. Porém longe de desanimar-vos, deveis redobrar vossa vigilância e vosso zelo para inculcar a vosso pobre filho, sólidos princípios religiosos. Deveis lutar, quanto possais, e com toda constância, contra a má influência da escola para onde vos vedes obrigados a enviá-lo. Deveis recomendar-lhe muito mais com os exemplos que com as palavras, e ser solícito em que cumpra convosco todos os seus deveres religiosos.

Se à frente dessa escola corruptora, o zelo de vosso cura conseguir levantar uma escola livre, uma escola Cristã, não olvideis que é para vós um dever enviar para ali vossos filhos quanto antes, e livrá-los, enquanto podeis, do perigo que os ameaça ali onde estão.

Para a família, como para a Igreja e a sociedade, a escola sem Deus, a escola sem crucifixo e sem orações, é a ruína e a perdição.

XIII
QUE A ESCOLA DEVE SER PARA A IGREJA O QUE É UMA FILHA PARA SUA MÃE

Nosso Senhor Jesus Cristo, no enviar ao mundo sua Igreja, encarregou-a de "ensinar a todas as nações". Isto é, para o Papa, para os Bispos, para os sacerdotes, não somente um direito, senão um dever; um direito de que nenhum homem poderia legitimamente despojá-los; um direito ao qual não podem subtrair-se sem arriscar sua salvação; um dever que cumprem não para dominar, — como almas baixas e ignorantes têm ousado dizê-lo —, senão para fazer reinar Jesus Cristo no mundo e para procurar a salvação de seus irmãos.

No ensino, como dizíamos, há duas coisas distintas porém unidas e subordinadas uma à outra: há os conhecimentos que nos são úteis e ainda mais ou menos necessários a todos para ganhar nossa vida e para cumprir os deveres de nosso estado; tais como saber ler, escrever, contar; saber nosso idioma e um ou outro idioma estrangeiro, saber mais ou menos a história, a geografia, as ciências naturais, até se quisermos, o latim, o grego etc.; e há a grande ciência, a ciência divina da salvação, da qual nada pode abster-se, e que ensina o homem a conhecer, a servir, a amar a seu Deus neste mundo, afim de possuí-lo eternamente e de ser eternamente feliz no outro. É nisto que consiste o ensino.

Ora, pois, a Igreja está autorizada por Deus mesmo para este último ensino. Está encarregada, não de ensinar os homens a ler, a escrever, a contar, etc., senão de velar atentamente para que ninguém se aproveite do ensino dos conhecimentos naturais para alterar a doutrina Cristã e para apartar de Jesus Cristo os espíritos e os corações.

Está encarregada de velar muito de perto para que a educação Cristã esteja inseparavelmente unida a toda classe de ensino, e o homem se habitue desde sua juventude a santificar seu trabalho pela oração e por pensamentos de fé.

Com esse título, está a Igreja encarregada por uma ordem expressa de Deus, do fazer a escola profundamente Cristã, de velar com cuidado pelo ensino, de fazer reinar nele Jesus Cristo, por todos os meios que pode sugerir uma caridade engenhosa, principalmente pelos bons exemplos dos mestres e das mestras, pela escolha de livros de texto, pelas pequenas orações que precedem, acompanham e seguem o estudo, pelos crucifixos e as imagens santas, em uma palavra, por toda classe de hábitos de fé e de religião.

Quanto ao ensino direto da grande ciência, da ciência da Religião, a Igreja, quer dizer, o sacerdote, é certamente o único oficialmente encarregado dela. Porém assim como um bom pai e uma boa mãe devem cuidar para que seu filho aprenda bem seu catecismo, lhe devem explicar o melhor possível e ajudá-lo a compreender. Assim como devem falar-lhe a miúde de Deus e fazer-lhe praticar o que ensina o sacerdote, assim também na escola, os mestres e mestras devem, se quiserem ser dignos de sua missão sagrada, dedicar-se a fazer esse mesmo ofício para com os meninos que a frequentam.

Os partidários culpados e cegos da escola sem religião pretendem que, porque a religião se ensina na Igreja, deve ser excluída da escola. Se isso fora certo, deveria dizer-se outro tanto da família. Essa pobre gente não sabe que a Religião se estende a tudo, tem direito a tudo, que em todas as partes está em sua casa, que não é estranha em nenhuma parte, que é não somente útil senão necessária em todo lugar, e na escola mais que em outra parte qualquer.

De boa ou de má fé, querem expulsar Jesus Cristo de seus domínios, quero dizer do coração e do espírito dos meninos. Como os Judeus na Sexta-feira Santa, exclamam por mil e mil bocas: "Não queremos que Este reine sobre nós".

Entretanto, Este, Jesus Cristo, quer e deve reinar sobre todos, e é muito justo, pois é o Criador, o Soberano Senhor, o Salvador de todos.

Como a família deve estar subordinada à Igreja, em tudo quanto respeita a direção do espanto e do coração dos meninos, a escola deve estar unida à Igreja.

Esta submissão, esta subordinação, não absorvem a escola na Igreja ou a família na Igreja. Porque em um regimento os oficiais estão submissos ao coronel, e os soldados ao oficial? Quem ousaria dizer que os movimentos, o valor, a autoridade dos que obedecem estão absorvidos pela autoridade dos que mandam? Dessa subordinação, muito ao contrário, nasce a bela ordem que é a glória e a força do regimento.

O mesmo sucede com a subordinação de toda as coisas à Igreja, e a Deus pela Igreja. A escola, a educação, o ensino, a família, a sociedade, a direção dos assuntos públicos, o governo dos estados, tudo, em uma palavra, na terra, deve estar submisso a Deus, e por conseguinte subordinado à doutrina divina, à santa direção de sua Igreja. Ali somente está o segredo da ordem, o segredo da felicidade pública. Ali está a ressurreição verdadeira de nossa querida pátria, e o triunfo de todas as boas coisas sobre o inimigo de Deus e da sociedade, que há mais de cem anos assola o mundo, e cujo sinistro nome é "O LIBERALISMO".

A questão da escola é, em primeiro lugar uma questão religiosa, cuja solução depende desta outra precedente questão: É o Liberalismo ou a Igreja que ensina a verdade? A religião Cristã é verdadeira, ou é falsa? Devemos nós todos obedecer a Deus, sim ou não?

O povo Cristão, o verdadeiro povo responde: "Sim". A seita anticatólica, ou, para explicar melhor, a maçonaria, que se atreve a chamar-se a nação, responde audazmente: "Não".

Esta é a que já não quer religião nem na escola nem em parte nenhuma. Nós porém, Cristãos e Cristãs de coração, a queremos na escola e em todas as partes.

***

FIM

APÊNDICE
PALAVRAS SOBRE A EDUCAÇÃO DIRIGIDAS ESPECIALMENTE AOS PAIS DE FAMÍLIA

Nisi dominus aedificaverit domun, in vanum laboraverunt qui aedificant eam.

Se o Senhor não sustentar o edifício, em vão trabalharão os construtores.

Ps. 126. 1.

Clama, ne cesses, clama sem cessar! Era a intimação do Senhor aos profetas de Israel ante os grandes perigos de seu povo. Esta também é a intimação que sentimos desde o fundo de nossa consciência em cumprimento de nosso dever ante os graves males da educação sem Deus; e tanto mais, quanto, alguns dos publicistas dissidentes, têm dado a voz de alarma, espantados ante os desastrosos resultados do ensino sem religião, que constituem um grave perigo social, tendo tomado proporções aterradoras.

Clama, ne cesses! Temos que clamar, pois que é impossível o silêncio ante os estragos da educação leiga, sem religião. Já não se pode sofrer impassível a formação dessas gerações que se ostentam incrédulas, e portanto decadentes, com justa alarma da sociedade, fazendo-a temer pelo futuro da civilização.

Eis aqui porque tornamos a insistir, animados Católicos, sobre a questão magna da educação, já que é a mais transcendental para os destinos de um povo e seu porvir; e será o que seja a educação da juventude.

E em verdade; quão grande e interessante é o problema da educação entre todas as questões sociais!

A educação é a grande alavanca que move a ordem social, intelectual e moral; ela é a que prepara os homens para os grandes progressos, quando é boa, como os dispõe para os mais espantosos cataclismas, quando é má.

Quando a educação, leva à mente idéias sãs e elevadas, e inspira nos ânimos nobres sentimentos e levantados ideais, faz de cada homem um elemento do bem, e converte cada alma como em um foco de luz que se irradia pela sociedade inteira.

Não é a força inconsciente, não é a voz descompassada da paixão o que vence os grandes obstáculos que se opõem à marcha da humanidade em seu desenvolvimento vertiginoso para os fins que o Criador lhe tem fixado em seus eternos desígnios: é a educação.

Os povos civilizados de hoje e de todos os tempos, devem-se à ação lenta, porém eficaz, da educação; influência que aprouve à divina Providencia que se perpetuasse através das diversas mudanças e transformações da raça humana e das diversas nacionalidades, como um princípio vital indestrutível para reanimar as ruínas produzidas pela ação do ferro homicida, ou as idéias dissolventes que, brotando de cérebros enfermos, levam a desolação e a morte como as lavas dos vulcões ou os miasmas mefíticos dos rios lodosos.

A educação é poderosa, como a palavra de Deus, porque engendra seres novos, como aquela palavra majestosa ressoando no meio do caos. Porém é necessário que a educação vá animada do espírito de Deus, para que tenha a eficácia criadora e fecundante de sua palavra.

A educação sem Deus, a educação materialista, que não considera o homem senão como uma máquina bem organizada, que não tem mais norma que a moral utilitária, pode polir o corpo, aperfeiçoar forças físicas e orgânicas: porém mata o espirito e tudo que se refere à alma imortal, afogando doces ideais, aspirações sublimes, sentimentos nobres, fagueiras esperanças, convertendo o ser racional em uma fera temível ou em uma máquina espantosa, cujos membros ou cujas peças se desagregarão algum dia, sem que nada sobreviva a seus pulverizados elementos.

Desgraçadamente, apesar de dolorosos e terríveis ensaios, tende ainda a predominar essa educação, que antes é destruição, apesar dos nobres esforços dos homens sensatos que proclamam a crença em Deus como a alma da verdadeira educação, da educação que firma os filhos respeitosos, os esposos fiéis, os pais solícitos, os obreiros modestos, os cidadãos retos e patriotas, em uma palavra, o homem instruído e virtuoso.

É de esperar, entretanto, que semelhantes tendências triunfarão definitivamente por mais que hoje se ofusque uma grande parte da juventude; porque reagirão no momento supremo os direitos incontestáveis do espírito humano e da consciência naturalmente Cristã; mais ainda, obrigarão à reação, e a história dos sistemas de educação materialista e até dos presentes tempos passará aos vindouros como um baldão para a civilização e progressos de que se jacta com justiça o século que vai expirar.

E, graças a Deus, a reação já começa, iniciada polos grandes estadistas, que comovidos ante a invasão espantosa do vício e corrupção pelo ensino sem Deus, proclamam a necessidade da religião e do ensino religioso.

Assim, Júlio Simon falando da reforma social, disse: *"Entre outros remédios a que necessitamos de recorrer, porque não pode haver um remédio único, assiná-lo um cuja urgência não se porá em dúvida. É a reconstituição dos costumes e crenças na família".*

Ah! as escolas carregadas de ensino técnico e privadas de ensino religioso e moral; a religião, não só transcurada, senão ultrajada: todas as liberdades sacrificadas a uma pretendida liberdade de não crer, e as antigas cruzadas da fé substituídas por uma eterna cruzada contra a fé; e neste caso que podem chegar a ser os meninos e os adolescentes em uma vida assim organizada e assim preparada?

É de estranhar que, não tendo nem regra, se deixem arrastar pelo prazer e vicio?

Reformai a literatura: reformai as escolas, deixai de propagar a impiedade.

Tal é o remédio que pode opor-se à invasão crescente da miséria moral.

II

COMECEMOS AGORA a expor a natureza da verdadeira educação; e desde já recordamos que a palavra *educação*, exprime o trabalho aturado, por meio do qual se leva o homem ao desenvolvimento e aperfeiçoamento de sua natureza física e moral, isto é, de toda a pessoa humana. Educar o homem é formá-lo, é quase criá-lo; porque o homem vem à vida tão débil, que é necessário robustecê-lo, dirigir e cuidar em uma palavra, de aperfeiçoá-lo por meio da educação.

Difere-se nisto dos animais irracionais, que não têm outra necessidade que a de serem alimentados, visto que o organismo deles se desenvolve somente pela energia de suas leis em todo o seu ser; esta diferença é a manifestação da superioridade do homem.

O homem não é somente um ser físico; se não fosse mais que isto, a natureza, ao depô-lo nu sobre a terra, ela só conduzi-lo-ia à plenitude da vida. Porém como é principalmente um ser moral, seu desenvolvimento não é possível senão por uma ação distinta da que se exerce exclusivamente sobre seus órgãos. O homem não chega senão lentamente e por graus ao exercício da inteligência. Nem pode chegar por si mesmo, como o animal chega ao exercício de suas faculdades. Necessita da comunicação intelectual com seres da mesma natureza, já formados, e esta comunicação é laboriosa e delicada. Segue o desenvolvimento das forças físicas, que também se verifica lentamente, como para prestar-se a este grande trabalho da formação ou educação do homem, obra a maior e mais augusta na humanidade. De maneira que o que parece ser uma sinal de fraqueza no homem é uma prova de proeminência, e cuja própria grandeza demonstra quão elevados são seu destino e grandeza.

Destes preliminares se deduz o caráter verdadeiro da educação.

Educar um homem não é aperfeiçoar um corpo organizado, é desenvolver um ser moral: e sem embargo, o homem não é um puro espírito, é ao mesmo tempo um ser material, de onde se segue que a educação dá lugar a cuidados infinitos e de diversa natureza, ainda que todos devem referir-se ao ser moral. Em outros termos, a educação repousa em princípios e leis que, sem dúvida, se conformam com a natureza do homem, porém que não poderiam produzir por si mesmas todos os seus efeitos.

O homem tem necessidade do homem, e é por esta razão que não se completa e se aperfeiçoa senão no estado de sociedade. Quanto mais perfeita é a sociedade, mais seguro está o homem de obter os meios de chegar à sua perfeição. Assim pois, foi um monstruoso sistema, separar a educação de toda a ação social, isto é, de insular o menino e formá-lo como para a vida dos bosques. Rosseuau foi o autor de semelhante pedagogia, e o século XIX deu ouvidos a esta quimera, que ainda não há desaparecida totalmente.

Assim, o que o homem recusa nos tempos modernos, por um individualismo exagerado, é parecer que obedece a um pensamento, repelindo a lei de mútua solidariedade. Sob a impressão de tão extremado e triste orgulho, tem-se pretendido que a educação seja livre de toda crença anterior, de toda a fé transmitida, de toda regra aceita. Desenvolvem o homem por meio de certa instrução técnica, deixando-lhe a liberdade de aderir depois pela razão às leis que julgue conformes à natureza moral de seu ser. Desta maneira, se vê abandonado na época mais crítica das paixões, sem que a sociedade lhe preste o cabedal adquirido de princípios morais e religiosos para a época mais difícil da formação do homem: a juventude.

Estava reservado à incredulidade moderna condenar como depressivo para a liberdade do homem o ensino religioso, e pondo-se em contradição com o que foi dogma inconcusso da mesma antigüidade pagã, sustentar que na educação dos meninos se deve prescindir de toda a religião positiva, fundando-se pura e exclusivamente na moral racional, que tem sua origem e sanção na consciência, e na instrução daquelas ciências ou artes profanas que melhor convém ao tenro entendimento dos alunos.

O sofisma em que se fundamenta semelhante doutrina, se já não é filho de um ânimo ferozmente hostil ao catolicismo, não pode ser de mais grosseira contextura. Porque se aos meninos não se lhes deve ensinar a religião sob o pretexto de que a ninguém é licito impor-lhes uma religião determinada, que depois, quando forem livres, podem pelejar com suas inclinações e tendências, pela mesma razão não será licito impor-lhes uma moral determinada, uma história, uma geografia uma ciência qualquer, pois talvez no correr do tempo, possa não ser de seu gosto.

Se a consciência, no entender desses senhores, é livre nas matérias religiosas, com muito maior razão há de sê-lo nas científicas e morais. Logo, das duas uma: ou devemos condenar esse raciocínio por eminentemente absurdo, ou pelo contrário, dever-se-á criar nossos jovens, segundo opinava Rousseau, em estado selvagem, e haveremos de proscrevê-los da escola até a época em que, tendo já eles suficiente discernimento para guiarem-se a si mesmos, decidam se convém-lhes esta religião ou a outra, esta ciência ou aquela.

Eis aqui o sistema da incredulidade moderna. É a educação de uma sociedade que bambaleia com o peso da dúvida, que despoja o homem de toda regra e entrega-o a todos os tormentos e a todas as enfermidades do ceticismo em moral e religião, preparando gerações para a impiedade, a corrupção e a anarquia.

E não exageremos. Autores e publicistas modernos, pouco suspeitos de parcialidade, têm-nos advertido acerca dos horríveis efeitos do sistema leigo, sem religião. Escutemos suas palavras:

"Que é a instrução sem Deus? – Um perigo espantoso para a sociedade", disse M. Guizot.

"A realização de uma idéia louca e eminentemente perigosa", segundo Lord Derby.

"Um sistema pernicioso", segundo Gladstone.

"Uma violação dos direitos da consciência humana", no dizer de Roberto Peel.

"Um veículo de ceticismo", segundo Le Play.

"Uma potência para o mal", segundo E. Rendú.

"Uma utopia antissocial", segundo J. Janin.

"Um perigo público", segundo C. Hogier.

"Uma ameaça, de anarquia", no dizer de J. Lebeau.

E em verdade; só a religião encerra os princípios e as leis da educação; *"sem religião"*, disse Guizot, *"não há educação"* porque careceria de base. Com efeito, a educação começa na família, onde, a despeito dos filósofos e dos políticos, encontra uma inspiração mais poderosa e mais santa que todas as teorias: o amor. O ofício do pai e da mãe na educação tem sido indicado muitas vezes; pelos cuidados da família é que o menino aprende a fazer-se homem, e não se acredite que basta para isto deixar à natureza sua liberdade.

Alguém tem dito que a natureza do menino não está inclinada ao mal; porém é um grave erro: a natureza humana está caída e é necessário levantá-la. Eis aqui todo o segredo e princípio da educação. Portanto, quantos combates, artifícios, inquietações para a formação do menino! A vida de uma terna mãe se esgota nestas lutas de amor, e a autoridade paterna tem necessidade de intervir frequentemente com energia.

A educação de um menino é a triste revelação da decadência da humanidade; e eis aí porque a família por santa que seja sua missão, é impotente para cumprir sua magna obra, se a religião não intervier em seu auxilio.

Existe uma idade em que o menino tem necessidade de saber que além da autoridade paterna, existe um poder mais augusto, que é a sanção de toda a autoridade e de toda a obediência: Deus. É coisa extraordinária! Esta inteligência apenas esboçada, escuta esta palavra sagrada com uma emoção encantadora. O menino busca Deus em suas obras, e o que a razão plenamente desenvolvida não pode abranger, adivinha-o esse tenro espírito; e a partir desse momento a educação encontra um princípio poderoso para dirigir uma natureza rebelde, para combater inclinações ingratas, e também para impor deveres difíceis e inspirar formosas virtudes nascentes.

A religião contém, pois, o princípio enérgico e saudável da educação: ela toma o menino no berço, bendiz sua entrada na vida, depois segue-o passo a passo, dirigindo-o e animando-o nos caminhos da vida. Abre sua inteligência a noções sublimes e lhe revela verdades que a razão dos maiores filósofos não houvera sequer suspeitado.

Porém advirta-se que esta interessante e elevada ação e influência da religião se faz sentir e deve entremear-se em todos os demais cuidados que rodearão o menino, sem prejudicar a nenhum, antes bem elevando-os.

Os mestres o instruirão, e variados estudos adornarão seu espirito juvenil, assim como as artes elegantes se unirão às ciências sérias, porém tudo isto não é a educação. Nem a variedade dos conhecimentos, nem o poder da razão imporão ao homem uma virtude, nem um sacrifício, nem sequer uma mera conveniência. É necessário remontar a algo de superior para encontrar a razão dos deveres e obrigação da vida humana. E isto quer dizer que a religião deve estar sempre presente no trabalho sublime pelo qual se realiza essa obra às vezes divina e humana, que se chama "o homem", ser moral e imagem de Deus.

Assim, se explica a diferença que existe entre instrução e educação. Um homem instruído pode não ser um homem bem criado, educado; do mesmo modo que o homem bem criado pode não ser pessoa douta. A perfeição da educação é a instrução unida à urbanidade e moralidade, a ciência unida à virtude; é a cultura da inteligência unida à cultura e formação do caráter. Quão grande, santo e meritório é o trabalho do homem aplicado à educação do homem; porém quão horrível é aplicado à instrução sem Deus!

III

TEM-SE PERGUNTADO se a educação é melhor dada na família ou no colégio, quando o menino passa já à juventude. A dúvida não teria lugar se a família deixasse a suficiente liberdade a tão esmerados cuidados, porém quem o ignora? O pai deve ocupar-se dos grandes assuntos e a mãe dedicar-se aos cuidados internos e mais delicados. A educação completa é impossível no meio a tantas atenções da vida; é portanto, necessário recorrer ao colégio; é até conveniente à exigências de sociabilidade e atrito dos caráteres e temperamentos.

Entretanto, esta necessidade faz estremecer muitos corações, e com razão; pois quanto não devem refletir os pais de família e quanto cuidado não devem empregar afim de acertar no mandar seus filhos a estabelecimentos e colégios onde se dê a verdadeira educação, hoje tão raros, porque só se atende a instruir, olvidando a parte essencial da educação, a moral e a religião? E não obstante, devemos reconhecer que nesta parte, uma grande maioria se preocupa muito pouco da escolha de colégios para seus filhos; de onde resulta que não existe incentivo para os bons estabelecimentos de educação.

Ainda que este seria o lugar de expor a verdadeira teoria da educação, não faremos mais que breves indicações. Tudo entra nela; as coisas sérias, necessárias e as de adorno e erudição; a piedade e as diversões, a história, a ciência e as artes. Educar o homem é formá-lo intelectual e moralmente: a educação é o aperfeiçoamento do homem social. Um grande mal da educação consiste em não encontrar sua regra e sua norma na sociedade. Em nossos dias tudo está submetido ao capricho e as opiniões são infinitas. O arbitrário reina nas crenças como na moda. Já não há fé comum. Os costumes não têm freio e a cada dia o próprio pudor desaparece, quer no salão, quer no teatro, tanto nos livros como nas ruas. Não devia, portanto, ressentir-se cruelmente a educação deste desconcerto e descalabro nos costumes e nas idéias?

A educação carece de nervo e de vigor, porque a sociedade carece de autoridade. A liberdade individual tem-se convertido em devassidão, o vício tem-se feito descarado e a pornografia se vê triunfante e até aplaudida. Existe outro mal que também é profundo: consiste em que numa sociedade assim constituída nada existe que possa elevar e exaltar as almas. Portanto, a educação não pode inspirar os grandes deveres da vida pública: o patriotismo, a abnegação, o espírito de sacrifício, tudo o que houve de heróico nas grandes épocas Cristãs. Tudo isto se apagou ante um ceticismo dourado com a nomenclatura de certos direitos e deveres que parecem derivar unicamente de uma espécie de conveniência externa. A educação carece de interesse porque a sociedade política carece do entusiasmo e muito mais de grandes exemplos de nobre civismo.

Porém, ficam deveres privados que sobrevivem ainda em uma sociedade decadente. A educação forma o homem em seus deveres, ela o faz esposo fiel, bom pai, filho respeitoso e amigo sincero; de maneira que os escândalos, as intemperanças, os adultérios, os desacatos não significam sempre, como poderia crer-se, naturezas perversas, senão que mais bem revelam uma educação viciosa e sobretudo sem religião, garantia suprema da ordem moral.

Ali onde a educação tem predisposto homens a respeitar, honrar e amar o que é moral o legítimo, as virtudes se produzem por si mesmas e florescem. Ali onde a educação tem deixado a alma indiferente aos espetáculos do vício e da desordem, o mal se faz contagioso e sem desdouro a reputação: torna-se moda.

A sociedade salva-se ou perece conforme a uma lei severa ou condescendente que se dá às almas, aos espíritos, às opiniões e aos costumes.

O mesmo sucede nas famílias: se buscamos a causa de sua decadência e de sua ruína, em geral encontramo-la na educação dada aos filhos. Se os criamos com mimos e na moleza: criamo-los para a decadência. A educação, a poder de refinamento e de luxo tira às almas e aos caráteres sua virilidade e energia: corrompem-nos pelas delícias e prazeres, e então quando chega a hora do trabalho, da preocupação do porvir, o homem que tem sido criado no meio de comodidades sempre asseguradas, e já seja por uma covardia desesperada, já por uma cega temeridade, gasta sua fortuna e chega à abjeção.

A educação moderna, assim considerada, é quase sempre desastrosa. Criam-se os meninos com o mesmo luxo e comodidades. E com o pretexto de fazer amar os estudos rodeando-os de esplendor, têm-se feito crer aos discípulos que sua vida estava destinada a mesma cultura e elegância e às mesmas vocações. Quanto descontentamento tem-se incutido nas almas, quantas naturezas se têm envenenado e à quantas existências se têm enganado, dando equívoca direção às suas legítimas aspirações, trocadas por ilusões irrealizáveis! Os filhos de famílias humildes, menosprezando seus pais, porque são operários, têm buscado outro modo de vida que os têm precipitado no crime.

A educação tem-se tornado sensualista: descura dos espíritos e se ocupa dos sentidos, do corpo. Possuímos a arte higiênica de regular os dormitórios, as aulas, os estudos; sabemos o que cem meninos reunidos podem absorver ou viciar do ambiente em um exercício de uma hora; sabemos os processos por meio dos quais o corpo deve variar de posição e movimento para fortalecer-se e desenvolver-se. Temos nestas matérias dados técnicos e seguros, de maneira que nada é mais correto que esta disciplina e esta higiene escolar.

Porém da direção das almas, da formação dos caracteres, do trabalho da razão, do regime das idéias, das vontades e afeições, pouco é o cuidado que se tem. Deixa-se a natureza em um espontâneo desenvolvimento, e Deus sabe onde vai parar uma natureza inclinada ao mal e com gérmens de paixões sempre indômitas em si!

Não é possível reconduzir a sociedade às leis da ordem e acalmar os sofrimentos que nos hão deixado as convulsões políticas e civis, senão por meio de uma direção mais acertada da educação. Fazem-se leis sobre ensino, multiplicam-se as escolas, variam-se os métodos, multiplicam-se os estudos; porém esquecem-se de formar homens cidadãos, homens civilizados no verdadeiro sentido moral e religioso. Por isso perpetuamos nossas misérias dando-lhes somente distinta aparência ou aspecto.

IV

Ao tratar da educação, haveria três pontos importantes a dilucidar, porém bastará indicá-los.

A educação dos meninos

Como não recordar que a mãe é a primeira instituidora de seus filhos, e é o mais santo dos seus deveres? E não é somente o menino que obedecerá a ação da mãe; é sobretudo o homem. Somos ingratos para com a mulher, ainda é quiçá por sua culpa, quando não cumpre ou descuida da sua divina e grande missão. Nós não sabemos, e talvez nem ela saiba, que o que Deus lhe tem dado de influência é império sobre nossa vida. Ela tudo pode; falamos da mulher forte, inteligente e Cristã; ela tudo pode na educação do homem, e é necessário compadecer-se de uma sociedade que tem deixado perder uma potência moral tão doce, insinuante e natural.

À mãe sucede o pai; ainda às vezes enfraquece a obra desta em vez de completá-la; porém pode ser suprida pelo mestre.

Estabelecimentos de Educação

Diremos tudo em uma só palavra: o estabelecimento de educação não é possível se não for ao mesmo tempo um templo de moral e religião. Senão, se formará um povo feroz e corrompido, no dizer de Portalis. E quantos pais de família há que descuidam disto?

E a educação das meninas?

Com este título publicou-se um livro imortal, saído da pena e do coração do grande Fénelon: livro antiquado, se dirá, julgando-o em relação às nossas necessidades e as nossas vaidades. Porém, livro de todos os tempos, considerando-se relativamente aos formosos ensinamentos que contém. A vida da mulher deve hoje em dia, como antigamente, estar coberta com o sagrado véu do pudor que é o mais belo adorno de sua dignidade. Por isso ao esplendor das artes deve se pedir a elas que ajuntem a modéstia das virtudes. E que dizer a um século de luxo e esplendor material? Que em nada disso estará grandeza e dignidade da mulher, da qual se exige ao contrário que esteja adornada de talento e de piedade. É nela, sobretudo, que o cristianismo derrama seus dons mais puros; e assim também nada é mais repugnante e triste que uma mulher ingrata para com a religião que da antiga escrava, há feito dela um ser livre e a rainha do lar na sociedade moderna. Uma mulher incrédula, disse um celebre autor, está algum tanto mais abaixo de uma mulher cínica, além disso, não se pode saber o que uma mulher incrédula pode não ser.

Sobre a educação do povo se poderia fazer um livro inteiro, ainda que nada se teria que ajuntar aos ensinos mais elementares do Cristianismo. A educação do povo tem sido falseada desde o dia em que se fez leiga, sem religião. A primeira escola do povo é o templo que, por ser escola do Cristianismo é a melhor cátedra de civilização. Têm-se dado ao povo mestres encarregados de apartá-lo da religião. Isto era conduzi-lo à barbárie pela instrução. Já o dizia Girardin: criar escolas sem religião é organizar a barbárie, a barbárie moderna, a anarquia e a corrupção, pior que a barbárie dos povos nômades.

Ensinar a ler e a escrever ao povo não é educá-lo, é quase sempre corrompê-lo; para que o povo leia utilmente, é necessário que uma lei moral lhe dê o discernimento do verdadeiro e do falso, do bom e do mau. Tem-se pervertido a educação do povo por uma instrução necessariamente incompleta, de meras nomenclaturas, porém que enchem de orgulho e vaidade por crerem-se sábios os que as possuem; têm-no instruído, porém arruinado os singelos e modestos costumes populares.

Antes, a educação estava melhor encaminhada ao seu verdadeiro destino e missão. E em verdade, a educação, e isto se aplica a todas as posições e classes sociais, é o meio geral de conduzir o homem à perfeição e portanto à felicidade. Façam-no amar a virtude, o trabalho, a moderação; tirem de seu pensamento as quiméricas utopias, as esperanças culpadas, as cobiças e ambições cruéis; exaltem seu espírito para o grande, o bom e belo; predisponham-no e o inclinem à benevolência e confraternidade; apartem-no da inveja e do ódio na desigualdade necessária de fortuna, talento e virtude; façam-no capaz, às vezes, de sacrifício, de valor e de modéstia; esta é sua santa missão; porém é também por esta razão que deve ser Cristã a educação. Sem um princípio que se imponha à vontade, a educação é um trabalho estéril: dirige um animal, porém não forma um homem. A educação leiga, meramente civil pode ocultar e dissimular defeitos, dar um verniz exterior; a educação Cristã produz as virtudes, porque só ela realiza a encarnação do Evangelho no indivíduo e na sociedade; e é sabido, no dizer de Lamartine, que a civilização não é nada mais que o verbo evangélico mais ou menos encarnado na sociedade moderna.

V

EXPOSTA, ainda que a grandes rasgos, a verdadeira natureza da educação, que deve ser essencialmente religiosa, queremos confirmar nossa demonstração servindo-nos para isso de autoridades imparciais, começando pelos antigos, que nos dão formosíssimas lições.

"Se vosso sapateiro", dizia Platão, "é mau operário e vos faz ruim calçado, ou se passa por sapateiro sem o ser isso não vos ocasionará grave dano; porém se os instituidores de vossos filhos o forem só de nome não vedes que arrastariam à ruína a vossa família, e que deles depende a conservação de vossa honra?" E ainda: "O legislador não dará à educação o último nem o segundo lugar em seu pensamento. Comece, se quiser ocupar-se dignamente dela, por buscar o cidadão que melhor cumpra com seus deveres; só a este se deve confiar a juventude".

"Não tomar em conta a virtude", dizia Plutarco, "é sacrificar o que há de mais essencial na educação. É preciso que o preceptor reúna a um grande fundo de sabedoria e experiência, costumes puros e uma conduta irrepreensível; de outra sorte tudo está perdido. A boa educação é a fonte de todas as virtudes; porém com uma condição rigorosa, e é que o mesmo preceptor seja virtuoso; em tal caso, a maneira que os jardineiros põe arrimos ao lado dos arbustos para sustentá-los, o bom preceptor rodeará, por assim dizer, seu jovem discípulo do duplo apoio de seus preceitos e de seus exemplos para impedir que se pervertam seus costumes".

Quintiliano queria que os pais só confiassem a educação de seus filhos a homens de uma virtude consumada: *praeceptorem eligere sanctissimum*. E sobre o colégio dizia: "É necessário preferir a casa em que reine a disciplina mais severa e perfeita".

"Com a ajuda do céu", dizia Plínio a uma senhora romana, "confia esse menino a um homem que lhe ensine primeiro que tudo, os bons costumes, e depois a eloqüência, a qual sem os bons costumes, não é mais que uma ciência má. É necessário escolher para ele um mestre cujas virtude, pudor e severidade, de costumes sejam irrepreensíveis".

Tais devem ser, ainda no juízo dos pagãos, as qualidades que adornam o educador da juventude, e não pode ser por menos. Sua delicadíssima missão consiste em formar, mais todavia com o exemplo que com a palavra, esses corações juvenis, brandos como a cera, nos quais grava-se para sempre a imagem daquilo que em seus primeiros anos viram nos homens que lhes foram dados por monitores e modelos.

Em um livro coroado pela Academia Francesa, sustentava Wilm, como fruto de seus estudos e larga experiência, não somente que a religião é base indispensável a toda boa educação, senão também que é *condição essencial da educação religiosa, que o mestre esteja animado de um vivo sentimento religioso.*

"Não é bastante tampouco", disse o Conde de Frayssinous, "ensinar vagamente a religião aos meninos; o ponto capital é fazer que tomem afeição a ela, que a amem e pratiquem-na. E que zelo ter para fazê-la penetrar na alma dos meninos aquele que não tenha a sua penetrada dela? Que interesse terá em persuadi-la aos demais, o que interiormente não vê nela senão fábulas e para quem os mistérios Cristãos são o mesmo que a mitologia dos gregos ou da Índia".

Em todos os estabelecimentos de educação mantidos pelo Estado na França", dizia M. Marty, "os meninos que neles se educam não podem viver como Católicos senão com a condição de viver de uma maneira diferente de seus superiores. Os pais e as mães que sabem o que se passa no Liceu, e deveriam sabê-lo todos, vêm-se obrigados a dizer a seu filho ao introduzi-lo em seu recinto: Não te deixes arrastar pelos exemplos que se vão apresentar à tua vista, e não abandones a prática da religião!... Não imites teus superiores!... Singular recomendação a um filho, a de não imitar as pessoas a quem o deixam confiado, às quais se depositam todos os deveres paternos e a quem se traspassa a grande missão de educá-lo!

Veja-se, pois, o cuidado que devem ter os pais de família na escolha de colégios e de mestres.

"A instrução, dizia Consin perante a Academia de Ciências Morais, só é mais um poder junto a outros...; e o aumento de instrução não traz de modo algum o aumento de moralidade. Por conseguinte, é necessário converter a instrução em educação. *Não é a instrução a que moraliza; é a educação, coisa muito diferente, e sobretudo a educação religiosa*".

Sobre o mesmo ponto chamava Portalis a atenção, dizendo: "Não há instrução sem educação, e não há educação sem moral e religião".

Os diretores dos diversos estabelecimentos penais da França em um informe pedido pelo Governo daquele país resumiam seus juízos do seguinte modo:

"Em geral, os indivíduos que hão recebido os primeiros princípios da instrução elementar antes de serem condenados, são de todos os prisioneiros os menos suscetíveis de uma verdadeira emenda, e os que hão levado sua primeira instrução até certo grau de elevação são, com poucas exceções, totalmente incorrigíveis. Alguns há cuja instrução é completa, ainda pode dizer-se esmerada... esses se fazem professores de uma ciência, a do crime. Resulta de nossas estatísticas que a criminalidade aumenta em razão direta da instrução. A instrução nos indivíduos já contaminados pelo vicio, é mais uma arma má que se lhes dá contra a sociedade". Em bem semelhantes termos se expressa Lauvergne, médico chefe dos presidiários de Toulon.

"Além disso", dizia M. Moreau Christophe, inspetor geral de prisões, "a estatística dos reincidentes demostra agora, por não poder já duvidá-lo, que quanto mais perversidade supõe o crime cometido, supõe também maior instrução no culpado. Deve inferir-se disso que a ignorância debilita as inclinações criminosas do homem, ao passo que a instrução as fortifica e desenvolve? Não permita Deus que eu profira jamais semelhante blasfêmia! O mal que provém da inteligência, vem unicamente do modo de cultura, não da mesma cultura.

O sistema atual de cultura vicia e neutraliza a semente em seu gérmen, e só produz o solo frutos inúteis e perigosos. Tudo, com efeito, no ensino de nossas escolas sacrifica-se às satisfações do corpo e do entendimento; nada ou quase nada se tem reservado para o desenvolvimento das faculdades da alma, das qualidades do caráter e o coração... Sem, a educação, a instrução nada mais é que um instrumento de ruína."

M. de la Farelle, membro correspondente do Instituto da França e cuja autoridade não pode julgar-se suspeita, propõe esta questão: "O sentimento religioso puro e abstrato, ou acompanhado somente do ensino moral que dele emana pode ser suficiente?" E responde:

"Creio que não. Sem querer de maneira alguma transformar esta questão, que é aqui puramente social, em uma questão de controvérsia e de fé, considero demonstrado em teoria, e mais ainda pela experiência, que os sentimentos religiosos e morais têm necessidade de revestir-se, aos olhos dos homens, e com maior razão aos olhos dos meninos, de uma forma correta e precisa; que necessitam de apoiar-se sobre um sistema de dogmas, de ligar-se a um corpo de doutrinas, de materializar-se em um culto visível; que necessitam, em uma palavra, de condensar-se em uma religião positiva".

Julgamos também muito a propósito reproduzir o seguinte ditame que dissera o Conselho de Instrução do Departamento de Nantes da nação francesa:

"Considerando que a experiência atesta cada dia mais a insuficiência do ensino moral nas escolas primárias, se não se tomam como base essencial os deveres para com Deus e a obediência que a sua lei é devida;

Considerando que esta insuficiência resulta claramente demonstrada das relações e documentos oficiais pelos quais tem se querido guiar a mesma Administração;

Considerando, além disso que a estatística geral da justiça criminal demonstra uma progressão lamentável nos crimes e delitos cometidos pelos meninos e os jovens, dos quais hão comparecido cerca de 29.000 ante os tribunais no breve espaço de um ano;

Considerando que os suicídios de meninos e adolescentes, coisa quase desconhecida até hoje entre nós, têm se multiplicado desde já alguns anos a tal ponto que alcançaram a aterradora cifra de 443 no mesmo ano;

Considerando que há grande fundamento para ver uma estreita relação entre esta dolorosa estatística e o desenvolvimento do novo sistema de educação primária já, que a instrução moral que se dá ao menino fica evidentemente desprovida de toda a autoridade e de toda sanção, se não apoiar-se completamente nos grandes princípios de ordem religiosa e especialmente no conhecimento de Deus, como norma de toda a justiça e soberano senhor dos homens; na plena obediência que à sua lei se deve, e na necessidade de uma viela fatura onde cada homem alcançará o destino imortal que para si mesmo tiver elaborado aqui sobre a terra com suas obras;

Considerando que semelhante situação é sintoma de um perigo social e nacional da maior gravidade, perigo que é urgente afastar;

O Conselho é DE PARECER que nas escolas primárias do distrito não se separe nunca a moral da Religião, e que se considere o ensino dos deveres para com Deus como a base fundamental e necessária de todos os deveres que afetam o homem, e que para conseguir este resultado, recebam as leis públicas todas aquelas modificações que forem necessárias".

O testemunho que acabamos de copiar é demasiado eloqüente para que necessite de algum comentário.

VI

QUEREMOS TERMINAR esta demonstração contundente de autoridades irrefutáveis, por pertencerem ao campo inimigo, com a citação de um artigo muito significativo do diário liberal, *Le Soleil* de Paris, intitulado "Sementeira de criminosos" que faz mui sensatas considerações sobre os resultados desastrosos do ensino sem religião, baseando-se em fatos inegáveis. Ouçamos suas notáveis reflexões:

"A perversão da juventude é um dos fatos mais dolorosos e aflitivos de nossa época. Os mais horríveis crimes são cometidos por jovens, quase por meninos".

A que deve-se atribuir a extensão da criminalidade nas fileiras da juventude?

À falta de educação religiosa, declaram, sem vacilação alguma, homens de ciência, antropólogos e criminalistas distintos. Interrogado M. Manouvrier, sucessor de M. Broca em sua cátedra de antropologia responde:

"O homem será o que o fizerem em seus primeiros anos. Aos doze, já está formado e seguirá a direção que se lhe haja imposto. Isto deve ter-se presente em nossas escolas, nas que se dá um lugar inteiramente secundário à moral".

M. Guillot, que mais que ninguém tem tido oportunidade de estudar esta matéria, pronuncia-se em igual sentido que M. Manouvrier, porém com maior nitidez:

"Em minha larga carreira de juiz de instrução, eu cria ter visto até o fundo a corrupção humana. Porém esse fundo somente o conheci verdadeiramente desde que me tenho encarregado da instrução dos meninos.

Pensem tudo o que quiserem, no ponto de vista metafísico, acerca da religião; o que é certo, é que, para o menino sobretudo, ele é um elemento civilizador: e o mais poderoso de todos. O menino que se crê visto por Deus, seguido por Deus, castigado por Deus, se portará de um modo completamente distinto do que só se esforçar por subtrair-se a um olho humano, que não o vê em todas as partes, que não o segue aonde quer que vá. Hoje a religião vê-se desterrada, não somente das escolas oficiais, *leiga*, senão também de muitas famílias nas quais aos filhos já não se lhes ensina o Catecismo, nem procuram que façam a primeira comunhão. E que sucede então? M. Guillot diz: "Com o desaparecer do ideal religioso, vem geralmente o abandono de todo o ideal. A pátria, a família, o dever, são palavras que fazem sorrir tanto como a palavra religião. Nada mais então fica que a luta pela vida, as necessidades constrangedoras, os instintos impulsivos.

E não estão destinados a ir ao suicídio, ao cárcere, e quiçá ao cadafalso, esses meninos educados no desprezo de toda a idéia religiosa, cujos instintos não reprime já o temor de Deus, e que na idade na qual antes jogava-se aos soldadinhos ou com bonecas, apostam já "para ver quem é mais hábil em cometer atos imorais, que nem nomear-se podem entre Cristãos?"

Os que têm abolido a Deus, segundo a frase de um celebre comunista, contam para combater o exército do crime, com a polícia e a magistratura.

"Não precisamos de Deus, exclamam, temos policiais".

Creio que uma sociedade que só conta com a polícia para sua defesa, seja uma sociedade muito mesquinha e enferma.

O criminoso sempre espera que poderá escapar das mãos da justiça. E por outra parte, um criminoso friamente resolvido não teme nem o cárcere nem ainda o cadafalso.

A falta de todo o credo religioso, a educação sem Deus, conduzem ao crime sem nobreza e vil, como arrastam até ao crime atroz e monstruoso.

Leroy Beaulieu escrevia:

"Não devemos dissimulá-lo, é um fato averiguado, uma verdade que se impõe; uma vez que tem desaparecido o sentimento religioso, a única barreira que resta contra o desencadeamento dos apetites é a força".

E o filósofo italiano Nitti, adaptado e desenvolvendo o juízo de M. Leroy Beaulieu, disse em seu formoso livro sobre o socialismo:

"A ausência de fé religiosa, a certeza de que as ações humanas não terão castigo nem prêmio na outra vida, têm produzido um decaimento profundo, e por conseguinte, uma necessidade profunda de derrubar violentamente as instituições consideradas por eles como causa da miséria atual. O socialismo anárquico é certamente um derivado indireto das tendências antirreligiosas".

Este ilustre pensador, vê no ensino de Jesus Cristo o único dique que pode opor-se ao socialismo revolucionário e ao anarquismo.

No fundo, é a mesma opinião de M. Faurés, que desde a tribuna da câmara francesa, dirigindo-se aos franco-maçons e aos livre pensadores da maioria republicana, exclamava: "Vós sois os responsáveis pelos crimes cometidos (pelo anarquismo) porque haveis patrocinado a educação sem Deus, que engendra monstros de orgulho e atrocidade e brutos ébrios de luxúria e sangue. Imbuídos nas doutrinas da ciência moderna têm menosprezado a hipótese – Deus".

Proclamemos bem alto, em nossa sociedade que tem proscrito o ensino religioso, não pode haver moralidade, nem verdadeira liberalidade. Essa sociedade em que o exército do crime se recruta entre jovens, fazendo-se cada vez mais numeroso e ameaçador, está chamada a perecer nos braços da anarquia, senão se inclinar debaixo da mão de um tirano, de um Tibério ou de um Marat.

E referindo-se aos crimes anárquicos que fizeram estremecer a sociedade, acrescenta: "Em o fundo, não é a ausência de toda a idéia religiosa que tem conduzido ao crime esses criminosos. Enquanto tem desaparecido o sentimento religioso os apetites brutais se têm desencadeado... Mandai vir agora os vossos juízes e policiais vós que haveis desterrado a Deus do ensino... Os próprios criminosos mofarão de vós sobre o mesmo cadafalso".

Poderíamos acumular outras autoridades sobre o assunto; porém não são necessárias, e terminaremos com esta reflexão:

Pobre sociedade, que se vê ameaçada e perturbada pela instituição magna que devia constituir sua esperança suprema de regeneração, de aperfeiçoamento e civilização: a educação! E por que? Porque quer prescindir de Deus, da religião; e sem Deus nada é possível; a mesma educação se converte em elemento eficaz de decadência e ruína.

Pais de família, cuidai muito seriamente da educação que procurais para vossos filhos: disso dependerá a felicidade e o porvir da juventude, e por conseguinte, da sociedade. Não vos esqueçais da enérgica sentença do filósofo Cousin: "Deveriam ser arrastados ante os tribunais os pais de família que levam seus filhos às escolas em que não se ensina religião".

Roguemos, pois, amados católicos, afim de que seja encaminhada para sua verdadeira missão a educação pública e particular em nossa amada pátria, para que o Senhor lhe conceda um brilhante porvir, que não se conseguirá sem colocar Deus como fundamento do edifício social e da educação: *"Nisi Dominus aedificaverit domum, in vanum laboraverunt qui aedificant eam"*.

D. Mariano,
Bispo de Montevidéu.

Os tipos usados para este livro foram Sabon,
Champagne & Limousines e Calendas Plus.
O miolo foi feito com *papel Pólen* 80g, e a capa com
cartão supremo 250g.